BEI GRIN MACHT SICH IHR
WISSEN BEZAHLT

- Wir veröffentlichen Ihre Hausarbeit,
  Bachelor- und Masterarbeit

- Ihr eigenes eBook und Buch -
  weltweit in allen wichtigen Shops

- Verdienen Sie an jedem Verkauf

Jetzt bei www.GRIN.com hochladen
und kostenlos publizieren

Mohamed Chaabani

Die Mitschrift im Fremdsprachenunterricht

GRIN Verlag

Bibliografische Information der Deutschen Nationalbibliothek:

Die Deutsche Bibliothek verzeichnet diese Publikation in der Deutschen National-bibliografie; detaillierte bibliografische Daten sind im Internet über http://dnb.d-nb.de/ abrufbar.

Impressum:

Copyright © 2012 GRIN Verlag, Open Publishing GmbH
Druck und Bindung: Books on Demand GmbH, Norderstedt Germany
ISBN: 978-3-656-24538-4

Dieses Buch bei GRIN:

http://www.grin.com/de/e-book/197881/die-mitschrift-im-fremdsprachenunterricht

Die Mitschrift im Fremdsprachenunterricht

Chaabani Mohamed

Abstract

Die vorliegende Arbeit beschäftigt sich mit der Textsorte Mitschrift im Fremdsprachenunterricht. Das Schreiben von Mitschriften im Fremdsprachenunterricht spielt eine zentrale Rolle im Studium. Vor diesem Hintergrund erhebt sich die Notwendigkeit, diese Textsorte zu untersuchen. Anliegen dieser Arbeit ist es ebenfalls, die Schreibkompetenz der Studenten beim Verfassen von Mitschriften zu erfassen. Für diesen Zweck wurden Mitschriften einer näheren Analyse unterzogen. Dazu wurde auch eine schriftliche Befragung durchgeführt, um die Einstellung der Studierenden über diese Textsorten zu erfassen.

Zur Mitschrift

Die Mitschrift gehört zu den reproduktiven Textarten, wo sie sich auf mündliche Äußerungen bezieht. In diesem Zusammenhang ist auf die Ausführungen von Steets (2003, 221), die die Mitschrift als reproduktive Schreibform beschreibt, zu verweisen.[1] Der Ausgangspunkt bei der Anfertigung von Mitschriften sind die mündlichen Äußerungen wie in einer Vorlesung oder in einem Seminar. Die Mitschrift ist dafür gedacht, die mündlichen Äußerungen schriftlich zu fixieren, sodass sie nicht verloren gehen, weil die gesprochene Sprache in einem ziemlich schnellen Tempo im Vergleich zu der geschriebenen Sprache verläuft. Darüber hinaus sollte man bei der Ausarbeitung einer Mitschrift nicht die ganzen Sätze mitschreiben, sondern die Inhalte der mündlichen Äußerungen reduzieren und komprimieren. Dem Schreiber einer Mitschrift werden hohe Schreibanforderungen gestellt so Steets (2003, 221) und zwar

---

[1] Steets, Angelika In: Konrad Ehlich, Schulische Textarten, universitäre Textarten und das Problem ihrer Passung, Mitteilungen des Deutschen Germanistikverbandes, 50 Jahrgang, Heft 2-3 /2003.

aufgrund der Schnelligkeit dieses Prozesses, denn er soll zuhören und gleichzeitig mitschreiben. Beim Schreiben von einer Mitschrift geht es in erster Linie darum, das Gehörte wie z.b. Diskussion oder Vortrag mitzuhören und dabei wichtige Informationen zu nehmen bzw. aufzuschreiben. Allerdings ist dieser Vorgang kompliziert, denn es geht darüber hinaus um das Verstehen, was der Schreiber hört. Ferner könnten laut Frank, A., u.a. (2007, 151) die Lernenden bei der Mitschrift folgenden Fragen nachgehen: was findet der Lerner dabei spannend oder nicht? Wo liegt der rote Faden? Welche interessanten Formulierungen wurden mitgehört? Was versteht er und was nicht? Welche Formulierungen scheinen zweifelhaft zu sein? Was möchte der Schreiber als Ziel dabei klären? Die Mitschrift hilft demnach beim Zuhören und Verstehen. In der Regel schreibt man Mitschriften, um Informationen, die für spätere Verwendung gedacht sind, schriftlich festzuhalten. Im Weiteren bietet das Schreiben von Mitschriften viele Vorteile für den Schreiber. Bei den Zuhören und Schreiben gleichzeitig wird die Konzentration beim Lerner gefördert. Überdies befähigt sie die Lernenden dazu, sich das Wesentliche von Unwesentlichen zu unterscheiden. Hierbei werden sie trainiert, Informationen für kommende Prüfungen zu nutzen. Außerdem liefert die Mitschrift die Lerner mit den nötigen Informationen, mit denen sie in einer Diskussion verwenden können. Die Mitschrift ist für die Lerner selbst gedacht und somit wird ihre Gestaltung je nach persönlichen Notwendigkeiten erstellt. Einen wichtigen Punkt besteht darin, dass der Inhalt der Mitschrift je nach Funktionen variieren könnte. In diesem Gedankengang schließe ich mich den Überlegungen von Kroeger[2], H. (2000, 52) an. Er differenziert drei Funktionen von Mitschriften, die wiederum ihre eigenen Inhalte haben. Die erste Funktion besteht darin, einen Vortrag mitzuhören und dann an einer Diskussion teilzunehmen. Bezogen auf diese Funktion sollte folgendes aufgeschrieben werden, indem die Lernenden sich an diesen folgenden Fragen orientieren: was fällt dem Schreiber auf? Was hat der Schreiber nicht verstanden? Und möglicherweise wonach will er sich erkundigen? Welche Ideen sind dem Lernenden dabei eingefallen? Es könnte auch wortwörtlich zitiert werden und zwar für die spätere Anwendung an einer Diskussion. Die zweite Funktion besteht darin, Informationen zu lagern. Diese werden für bevorstehende

---

[2] Kroeger, H. Mitschreiben und Mitschrift. In : Horst, Uwe und Ohly Karl P. (Hrg). Lernbox. Lernmethoden-Arbeittechniken. Seelze, Velber. Friedrich Verlag. 2000

Hausarbeiten oder Klausuren bearbeitet. Bezogen auf diese Funktion sollte folgendes notiert werden: alle Begriffe und Definitionen, die für die kommende Arbeit von Nutzen sein könnten. Des Weiteren könnten ebenfalls methodische Hinweise, Anregungen sowie bibliographische Angaben aufgenommen werden. Die dritte Funktion besteht darin, das Festhalten von Informationen für spätere unbekannte Anwendungen. Hier werden Informationen bezüglich der Person, die den Vortrag gehalten hat, sowie die Zeit, in der der Vortrag stattgefunden wurde. Im Weiteren werden sowohl die wesentlichen Informationen als auch die Gliederung des Vortrages vermerkt.

Laut Ehlich, K.[3] (2003, 19) sollte man nicht ganze Sätze mitschreiben, sondern Stichwörter, Aufzählungszeichen, Abkürzungen und Symbole verwenden. Um komplexe Argumentationen mitzuschreiben, sollte man einfache Techniken zur Visualisierung verwenden, wie z.B. Unterstreichungen oder Pfeile.

Besser wäre, wenn man sein eigenes System zum Mitschreiben entwickelt. Dabei benutzt man spezielle Piktogramme und Verweisembleme.

In der Auseinandersetzung mit diesem Thema hat Sommer, R (2006, 29) darauf hingewiesen, dass man in Nachbereitung von Notizen genug Zeit investieren sollte, um sie zu überarbeiten. Dies verbessert die Qualität und die Brauchbarkeit dieser Notizen, die man später gebrauchen könnte. Für eine bessere Qualität der Mitschrift ist laut Sommer, R[4] (2006, 29) auch eine professionelle Ablage sehr empfehlenswert. Die Notizen können ferner abgetippt und elektronisch gespeichert werden, damit sie bei Bedarf schnell gefunden werden können.

In Anlehnung an Beste[5], G., (2007, 258) gibt es zwei Möglichkeiten beim Mitschreiben. Entweder schreibt man wortwörtlich mit oder verfasst man die Informationen mit eigenen Worten. Beim wortwörtlichen Notieren ist es möglich, dass man fachliche Informationen korrekt registriert. Anders verhält es, wenn man mit eigenen Worten verfasst. Es könnte passieren, dass man etwas nicht verstanden habe.

---

[3] Ehlich, K., Steets, A. (Hgg.) 2003. wissenschaftlich schreiben- lehren und lernen. Bln.: de Gruyter
[4] Sommer, R. 2006. Schreibkompetenzen. Erfolgreich wissenschaftlich schreiben. Klett. Stuttgart
[5] Beste, Gisela, (2007) Deutsch Methodik. Handbuch für die Sekundarstufe 1 und 2. Leistungen feststellen und beurteilen. . Cornelsen Scriptor. Berlin.

Bei Kruse, O[6]. (2007, 180) finden sich die Ausführungen, dass man beim Mitschreiben auf folgende Hinweise achten sollte. Man sollte den zentralen Gedanken in Stichwörtern zusammenfassen. Man sollte weiterhin Namen ausschreiben. Außerdem sollte man beim Mitschreiben auch notieren, welche Nachschlagwerke oder Literatur nachgelesen werden sollten. Ferner finden sich bei Bünting, K-D[7], (2008, 25ff.) die Überlegungen, dass man beim Mitschreiben zuerst festlegen sollte, zu welchem Zweck man Notizen macht. Außerdem sollte man beim Notieren Platz lassen und zwar für spätere Ergänzungen. Bünting, K-D, (2008, 27) fügt weiterhin zu, dass Mitschriften individuell seien, d.h. alle Mitschriften bei Studenten seien nicht gleich.

Analyse von Mitschriften

Für die Untersuchung werden in Anlehnung an die Ausführungen von Kroeger, H. (2000, 52-54) folgende Kriterien erarbeitet und aufgestellt. Die Analyse basiert auf drei Arten der Mitschriften vgl. Kroeger, H. (2000, 52-54). Ferner wurden drei Gruppen von Probanden mit jeweils 5 Studierenden herangezogen. Die Probanden sind Studenten im Masterstudium 2 Semester an der Universität Oran. Die erste Gruppe beschäftigt sich mit der ersten Art der Mitschrift, die zweite Gruppe befasst sich mit der zweiten Art und dritte Gruppe mit der dritten Art. Es wurden insgesamt drei Vorträge gehalten und jede Gruppe schreibt mit und zwar für unterschiedliche Zwecke.

Die erste Art zielt darauf ab, einem Vortrag zu folgen, damit man an der darauf folgenden Diskussion teilzunehmen. Dabei sollte Folgendes notiert werden:

1. *Auffälligkeit*

2. *Alles, was nicht verstanden wurde*

3. *Kritikpunkte, andere Meinung*

4. *Eigene Ideen*

---

[6] Kruse, Otto (2007) Keine Angst vor dem leeren Blatt. Ohne Schreibblockaden durchs Studium. 12., neu völlig bearbeitete Auflage. Campus Concept. Frankfurt am Main, New York..
[7] Bünting, K-D, (2008) u.a. Schreiben im Studium: mit Erfolg Ein Leitfaden. Cornelsen Scriptor. Berlin.. Siebte Auflage

Bei der zweiten Art wird angestrebt, Wissen zu speichern bzw. nachzubreiten und zwar für Prüfungen oder Referate. Dabei sollte Folgendes notiert werden[8]:

1. *Begriffe und Definitionen*
2. *methodische Hinweise*
3. *Anregungen*
4. *bibliographische Angaben*
5. *Schaubilder und deren Erläuterungen*

Die dritte Art hat zum Ziel, Wissen für unvorhersehrbare Zwecke zu speichern. Dabei sollte Folgendes notiert werden[9]

1. *Genaue Angaben über Person, Zeit und Inhalt*
2. *Die wichtigen Aussagen*
3. *Gliederung*

Analyse der ersten Gruppe

In einem ersten Schritt wird untersucht, ob alle fünf Probanden alles mitschreiben, was ihnen auffällt. Ein Blick auf die geschriebenen Mitschriften lässt sich vermuten, dass alle Probanden alles mitgeschrieben haben, was ihnen beim Vortrag auffällt. In einem zweiten Schritt wird untersucht, ob alle fünf Probanden alles mitschreiben, was sie nicht verstanden haben. Bei der Betrachtung der geschriebenen Mitschriften lässt sich feststellen, dass alle Probanden notiert haben, was sie nicht verstanden haben. Im nächsten Schritt wird ermittelt, ob die fünf Probanden Kritikpunkte mitgeschrieben haben. Bei der Betrachtung der geschriebenen Mitschriften fällt auf, dass alle Probanden keine Kritikpunkte notiert haben. Im letzten Schritt wird ermittelt, ob die fünf Probanden eigene Ideen notieren. Bei der Betrachtung der geschriebenen Mitschriften fällt auf, dass alle Probanden keine eigenen Ideen notiert haben.

Analyse der zweiten Gruppe

In einem ersten Schritt wird untersucht, ob die fünf Probanden Begriffe und Definitionen mitschreiben. Ein Blick auf die geschriebenen Mitschriften lässt sich

---

[8] Kroeger (2000, 52-54)
[9] Ebd.

zeigen, dass alle Probanden Begriffe und Definitionen mitgeschrieben haben. In einem zweiten Schritt wird untersucht, ob die fünf Probanden methodische Hinweise mitgeschrieben haben. Ein Blick auf die geschriebenen Mitschriften lässt sich zeigen, dass alle Probanden methodische Hinweise mitgeschrieben haben. Im nächsten Schritt wird ermittelt, ob die fünf Probanden Anregungen notiert haben. Bei der Betrachtung der geschriebenen Mitschriften fällt auf, dass alle Probanden keine Anregungen notiert haben. Im nächsten Schritt wird ermittelt, ob die fünf Probanden Schaubilder und deren Erläuterungen notiert haben. Bei der Betrachtung der geschriebenen Mitschriften lässt sich feststellen, dass alle Probanden keine Schaubilder und deren Erläuterungen notiert haben.

Analyse der dritten Gruppe

In einem ersten Schritt wird untersucht, ob die fünf Probanden genaue Angaben über Person, Zeit und Inhalt mitschreiben. Bei der Betrachtung der geschriebenen Mitschriften fällt auf, dass nur drei Probanden genaue Angaben über Person, Zeit und Inhalt mitgeschrieben haben. In einem zweiten Schritt wird untersucht, ob die fünf Probanden die wichtigen Aussagen mitgeschrieben haben. Ein Blick auf die geschriebenen Mitschriften lässt sich zeigen, dass nur ein Proband die wichtigen Aussagen mitgeschrieben hat. Im letzten Schritt wird ermittelt, ob die fünf Probanden Gliederungen notiert haben. Bei der Betrachtung der geschriebenen Mitschriften lässt sich feststellen, dass alle Probanden keine Gliederungen notiert haben.

Um die Einstellung der Studenten über die Textsorte Mitschrift zu erfassen, wurde weiterhin eine schriftliche Befragung durchgeführt. Im Folgenden wird der Fragebogen beschrieben und ausgewertet.

Der Fragebogen

Charakterisierung der Stichprobe

Die schriftliche Befragung wurde im Mai 2012 an der Universität Oran durchgeführt. An der Umfrage beteiligten sich 100 Germanistikstudenten. Die befragten Studierenden befanden sich zur Zeit der Befragung im zweiten Jahr Masterstudium.

Das Durchschnittsalter der Untersuchungsgruppe betrug 24 Jahre. Unter den Befragten waren 15% männlich und 85% weiblich.

Konzipierung und Durchführung der Umfrage

Die Befragung wurde anonym in Form eines Fragebogens im Mai 2012 durchgeführt. Der Fragebogen besteht aus 10 Fragen und 13 Aussagen, die die Studenten bewerten sollten. Diese Befragung sollte außerdem Auskunft über die Einstellung der Studenten über die Textsorte Mitschrift geben. Die erste Frage klärt, wie oft die Befragten das Mitschreiben im Unterricht geübt haben. Die zweite geht darauf ein, ob die Befragten finden, dass das Mitschreiben ihnen hilft, das Thema des Vortrages besser zu verstehen. Die nächste Frage klärt, ob sie Schwierigkeiten bei einem Vortrag finden, wenn Sie Notizen machen. Danach sollen die Befragten, wie oft sie Schwierigkeiten beim Mitschreiben von Texten haben. Anschließend sollte ermittelt werden, wie schwierig sie das Mitschreiben bei einem Vortrag finden. Danach sollte untersucht werden, was sie beim Mitschreiben notieren. Die nächste Frage befasst sich damit, ob die Befragten wörtliche Zitate beim Mitschreiben notieren. Die nächste Frage beschäftigt sich damit, ob die Befragten beim Mitschreiben nach einer bestimmten Methode vorgehen und wenn ja, welche? Anschließend wird untersucht, ob die Befragten Abkürzungen oder Symbole beim Mitschreiben benutzen und wenn ja, welche? Anschließend wird untersucht, welche   Vorteile ihnen diese Arbeitsmethode beim Studieren bietet.

Anschließend sollten die Befragten folgende Aussagen bewerten in einer Skala von 1 bis 3 trifft zu- ich weiß nicht- trifft nicht zu

1. Ich finde das Mitschreiben bei Vorträgen nützlich für eine gute Möglichkeit, um sich auf Prüfungen vorzubereiten.

2. Ich schaffe es nicht, alle Informationen mitzuschreiben.

3. Es fällt mir leicht, den vorgetragenen Text zu verstehen und die wichtigen Informationen mitzuschreiben.

4. Die Begriffe im Vortrag sind oft unklar.

5. Die gedankliche Gliederung ist nicht klar.

6. Die Argumente des Vortrags waren schwer zu verstehen.

7. Ich schreibe, alles was mir zum Thema des Vortrages auffällt.

8. Ich notiere alles, was ich nicht verstanden habe.

9. Ich notiere Kritikpunkte.

10. Ich schreibe meine eigenen Ideen auf.

11. Es fiel mir schwer, den vorgetragenen Text zusammenzufassen.

12. Ich kann nicht unterscheiden zwischen zentralen Aussagen und unwichtigen Informationen.

13. Es fiel mir schwer, einzelne Argumente des Textes herauszuarbeiten.

Rücklauf und Repräsentativität

Der Fragebogen erreichte gut 100 Studenten. Die Nettorücklaufquote liegt bei 100%. Dem Fragebogen war ein Anschreiben beigefügt, das die Untersuchungsziele erläutert, sowie einen Hinweis auf die Freiwilligkeit der Teilnahme und eine Erklärung zum Datenschutz enthält. Die Rücklaufquote kann man als zufrieden stellend bezeichnen. Es lassen sich also Aussagen treffen, die für die Einstellungen über die Textsorte Märchen hinreichend verlässlich sind. Natürlich rechtfertigt die begrenzte Anzahl der Befragten keinen Anspruch auf Allgemeingültigkeit.

Auswertung der Ergebnisse

Auf die erste Frage, wie oft die Befragten das Mitschreiben im Unterricht geübt haben, haben 60% der Befragten mit manchmal geantwortet. 40% dagegen haben die Antwort selten angegeben. Dies deutet darauf hin, dass ein Großteil der Studierenden Notizen im Unterricht macht. Nachfolgend geht es um die Frage, ob die Befragten finden, dass das Mitschreiben ihnen hilft, das Thema des Vortrages besser zu verstehen. Alle Befragten gaben an, dass das Mitschreiben ihnen wirklich hilft, das Thema des Vortrages besser zu verstehen. Des Weiteren wird auf die Frage eingegangen, ob sie Schwierigkeiten bei einem Vortrag finden, wenn Sie Notizen machen. Mehrheitlich haben 93% der Befragten mit ja geantwortet. Allerdings haben 07% mit nein hinsichtlich dieser Frage geantwortet. Das bedeutet, dass das Mitschreiben keine leichte Aufgabe für die Studierende sei. Darüber hinaus wird geklärt, wie oft sie Schwierigkeiten beim Mitschreiben von Texten haben. Auf diese Frage hat die Mehrheit der Befragten (90%) mit sehr oft geantwortet. Nachfolgend wird darauf eingegangen, wie schwierig sie das Mitschreiben bei einem Vortrag finden. Mehrheitlich haben 90% der Befragten mit sehr schwierig geantwortet. Nachfolgend geht es um die Frage, was sie beim Mitschreiben notieren. Ein Befragter gab an, er notiere Definitionen und alles, was erläutert wurde. Ein Anderer schreibt die wichtigsten Informationen und Ideen auf. Ein weiterer Befragter äußerte sich, dass er die Begriffsdefinitionen mitschreibt, die er wahrnimmt.

Anschließend wird ermittelt, ob die Befragten wörtliche Zitate beim Mitschreiben notieren. 50% der Befragten gaben an, dass sie wörtliche Zitate beim Mitschreiben notieren. Hingegen verneinen 50% der Befragten dies.

Des Weiteren wird auf die Frage eingegangen, ob die Befragten beim Mitschreiben nach einer bestimmten Methode vorgehen und wenn ja, welche? Hinsichtlich dieser Frage gaben alle Befragten an, dass sie keine bestimmte Methode verfolgen, um Notizen zu machen. Sie schreiben einfach mit, so denken sie. Aber man muss sagen, dass sie unbewusst methodisch dabei vorgehen, obwohl sie dies nicht als methodische Vorgehensweise wahrnehmen

Darüber hinaus wird geklärt, ob die Befragten Abkürzungen oder Symbole beim Mitschreiben benutzen und wenn ja, welche? Die Einschätzung erfolgt wie folgt:

Fast die Hälfte der Befragten (48%) gebraucht Symbole und Abkürzungen beim Mitschreiben. Als Beispiele hierfür führten sie Piktogramme und Abkürzungen wie *(FSU)* für Fremdsprachenunterricht, *(S.)* für Sprache. Darüber hinaus wird geklärt, welche Vorteile ihnen diese Arbeitsmethode beim Studieren bietet. Die Befragten gaben unterschiedliche Antworten: Ein Befragter gab an, dass die Mitschrift ihm besonders beim Vorbereiten auf die Prüfungen hilft. Als Vorteil sieht ein Befragter, dass die Mitschrift als eine Gedächtnisstütze diene.

Anschließend sollten die Befragten folgende Aussagen bewerten in einer Skala von 1 bis 3 trifft zu- ich weiß nicht- trifft nicht zu

Auf die erste Aussage: *„Ich finde das Mitschreiben bei Vorträgen nützlich für eine gute Möglichkeit, um sich auf Prüfungen vorzubereiten. "*, haben alle Befragten mit „trifft zu" geantwortet. Auf die zweite Aussage: *„Ich schaffe es nicht, alle Informationen mitzuschreiben. "*, haben ebenfalls alle Befragten mit „trifft zu" geantwortet. Auf die dritte Aussage: *„Es fällt mir leicht, den vorgetragenen Text zu verstehen und die wichtigen Informationen mitzuschreiben."*, haben 38% der

Befragten mit „trifft zu" und 62% mit „trifft nicht zu "geantwortet. Auf die vierte Aussage: *„Die Begriffe im Vortrag sind oft unklar. "*, haben 78% der Befragten mit „trifft zu" und 22% mit „trifft nicht zu "geantwortet. Auf die fünfte Aussage: *„Die gedankliche Gliederung ist nicht klar. "*, haben 87% der Befragten mit „trifft zu" und 13% mit „trifft nicht zu "geantwortet. Auf die sechste Aussage: *„Die Argumente des Vortrags waren schwer zu verstehen."*, haben 70% der Befragten mit „trifft zu" und 30% mit „trifft nicht zu "geantwortet. Auf die siebte Aussage: *„Ich schreibe, alles was mir zum Thema des Vortrages auffällt. "*, haben 95% der Befragten mit „trifft zu" und 05% mit „trifft nicht zu "geantwortet. Auf die achte Aussage: *„Ich notiere alles, was ich nicht verstanden habe. "*, haben 62% der Befragten mit „trifft zu" und 38% mit „trifft nicht zu "geantwortet. Auf die neunte Aussage: *„Ich notiere Kritikpunkte. "*, haben 71% der Befragten mit „trifft zu" und 29% mit „trifft nicht zu "geantwortet. Auf die zehnte Aussage: *„Ich schreibe meine eigenen Ideen auf. "*, haben 05% der Befragten mit „trifft zu" und 95% mit „trifft nicht zu "geantwortet. Auf die elfte Aussage: *„Es fiel mir schwer, den vorgetragenen Text zusammenzufassen "*, haben 70% der Befragten mit „trifft zu" und 30% mit „trifft nicht zu "geantwortet. Auf die zwölfte Aussage: *„Ich kann nicht unterscheiden zwischen zentralen Aussagen und unwichtigen Informationen. "*, haben 77% der Befragten mit „trifft zu" und 33% mit „trifft nicht zu "geantwortet. Auf die dreizehnte Aussage: *„Es fiel mir schwer, einzelne Argumente des Textes herauszuarbeiten."*, haben 56% der Befragten mit „trifft zu" und 44% mit „trifft nicht zu "geantwortet.

Aus der Befragung hat sich herausgestellt, dass die Technik der Mitschrift im Fremdsprachenunterricht von zentraler Bedeutung, denn die Studierenden das Mitschreiben öfter im Unterricht besonders bei Vorträgen einsetzen. Es hat sich auch gezeigt, dass die Befragten Schwierigkeiten haben, alle wichtigen Informationen mitzuschreiben. Dies mag darin begründet sein, dass sie methodisch mit dieser Textsorte nicht vertraut sind. In diesem Sinne empfiehlt sich, diese wichtige Textsorte im Fremdsprachenunterricht theoretisch und praktisch zu lehren.

Literatur

Bünting, K-D, (2008) u.a. Schreiben im Studium: mit Erfolg Ein Leitfaden. Cornelsen Scriptor. Berlin.. Siebte Auflage

Beste, Gisela, (2007) Deutsch Methodik. Handbuch für die Sekundarstufe 1 und 2. Leistungen feststellen und beurteilen.. Cornelsen Scriptor. Berlin.

Ehlich, Konrad, Steets, Angelika. (Hgg.) (2003) wissenschaftlich schreiben- lehren und lernen. Bln.: de Gruyter. S.19

Frank, Andrea, u.a. (2007), Schlüsselkompetenzen: Schreiben in Studium und Beruf. Verlag J.B. Metzler. Stuttgart und Weimar. 151

Kroeger, Hans (2000) Mitschreiben und Mitschrift. In : Horst, Uwe und Ohly Karl P. (Hrg). Lernbox. Lernmethoden-Arbeittechniken. Seelze, Velber. Friedrich Verlag.

Kruse, Otto (2007) Keine Angst vor dem leeren Blatt. Ohne Schreibblockaden durchs Studium. 12., neu völlig bearbeitete Auflage. Campus Concept. Frankfurt am Main, New York..

Sommer, Roy (2006) Schreibkompetenzen. Erfolgreich wissenschaftlich schreiben. Stuttgart. Klett. S.29

Steets, Angelika In: Konrad Ehlich, Schulische Textarten, universitäre Textarten und das Problem ihrer Passung, Mitteilungen des Deutschen Germanistikverbandes, 50 Jahrgang, Heft 2-3 /2003.